Gelassenheit lernen

19 effektive Methoden zur Stressbewältigung - werden Sie ein Fels in der Brandung und erlernen Sie Gelassenheit pur

1. Auflage 07/2017

Rechtliche Hinweise und Haftungsausschluss

Die in diesem Buch und seinem Inhalt enthaltenen Informationen sind nicht dazu bestimmt, irgendeine Form von medizinischem oder professionellem Rat zu ersetzen; Und soll nicht die Notwendigkeit für unabhängige medizinische, finanzielle, rechtliche oder andere professionelle Beratung oder Dienstleistungen ersetzen, falls diese erforderlich sind. Der Inhalt und die Informationen in diesem Buch wurden nur zu Bildungs- und Unterhaltungszwecken bereitgestellt.

Der Inhalt und die Informationen in diesem Buch wurden aus Quellen zusammengestellt, die als zuverlässig erachtet werden, und sind nach bestem Wissen und Gewissen des Autors zutreffend. Allerdings kann der Autor ihre Richtigkeit und Gültigkeit nicht garantieren und kann für Fehler und / oder Auslassungen nicht haftbar gemacht werden. Des Weiteren werden regelmäßig Änderungen an diesem Buch vorgenommen. Falls erforderlich, müssen Sie einen Spezialisten konsultieren, bevor Sie irgendwelche der vorgeschlagenen Rezepte, Techniken oder Informationen in diesem Buch anwenden (einschließlich aber nicht beschränkt auf Ihren Arzt, Anwalt, Finanzberater oder einen anderen professionellen Berater).

Bei Nutzung der Inhalte und Informationen in diesem Buch erklären Sie sich einverstanden, den Autor von jeglichen Schäden, Kosten und Aufwendungen, einschließlich etwaiger Rechtskosten, die möglicherweise aus der Anwendung der in diesem Buch enthaltenen Informationen resultieren, schadlos zu halten. Dieser Haftungsausschluss gilt für alle Verluste, Schäden oder Verletzungen, die durch die unmittelbare oder mittelbare Benutzung und Anwendung von Ratschlägen oder Informationen des Buches, ob für Vertragsverletzung, unerlaubter Handlung, Fahrlässigkeit, Personenschäden, kriminellem Vorsatz oder aus sonstigen Gründen, verursacht wurden.

Sie erklären sich damit einverstanden, sämtliche Risiken der Nutzung der in diesem Buch enthaltenen Informationen zu akzeptieren.

Beim Weiterlesen dieses Buches erklären Sie sich damit einverstanden, dass Sie, wenn nötig, einen Spezialisten (einschließlich aber nicht beschränkt auf Ihren Arzt, Rechtsanwalt oder Finanzberater oder einen anderen Berater) zu konsultieren , bevor Sie irgendwelche der vorgeschlagenen Rezepte Techniken oder Informationen dieses Buches anwenden.

Inhaltsverzeichnis

Gelassenheit erlernen - Einleitung

Was ist Stress überhaupt?

Verschiedene Stressarten

Die Stressfaktoren

Das große Problem der psychosozialen Stressfaktoren

Die wissenschaftlich erwiesenen typischen Stressreaktionen

Was geschieht durch Stress im Körper?

Es geht um das Leben

Das Leben in Gelassenheit ist eine Willenssache

Mögliche Hindernisse auf dem Weg in die Gelassenheit

Gelassenheit erhalten und auch vorleben

- Gruppendynamik
- Die Macht der Gewohnheit
- Gelassenheit ist lohnenswert

Eigene Schritte zur Gelassenheit unternehmen

Entscheidungsprozesse für die Gelassenheit

Sofortmaßnahmen zur Gelassenheit

Mentale Sofortmaßnahmen zur Gelassenheit

Gelassenheit erreichen mittels Resilienz

Schlußwort & Danksagung

Impressum

Gelassenheit erlernen - Einleitung

Der Zustand der Gelassenheit gilt als der höchstmögliche Zustand für die menschliche Gesundheit, die die Natur letztlich kennt. Bereits in früheren Menschheitstagen war den asiatischen Völkern die Priorität der Gelassenheit bekannt, da sie auf diese Weise Kraft für die kommenden Aufgaben sammeln konnten. Im Verlauf der Zeit hat sich selbstverständlich auch das Leben des Menschen geändert und insbesondere in den westeuropäischen geprägten Ländern ist der Leistungsdruck auf den Einzelnen gestiegen. Die Kunst der Gelassenheit ging dadurch Stück für Stück verloren.

Fakt ist, dass es gerade in der heutigen Zeit wirklich sehr viele Gelegenheiten und auch Gründe gibt, die Beherrschung zu verlieren und sprichwörtlich aus der Haut zu fahren. Sei es im beruflichen Alltag oder im Privatleben, oft läuft vieles nicht so, wie es der Mensch sich wünscht oder wie er es gar plant. Ein wesentlicher Grund für das Gefühl der Anspannung ist Stress, welcher verheerende Folgen auf die menschliche Gesundheit und auch auf die Psyche des Menschen ausübt.

Von körperlichen Symptomen wie Verspannungen oder gar Magengeschwüren und Nervenleiden bis hin zu psychischen Auswirkungen wie dem Gefühl des Kontrollverlustes oder der Frustration hat der Stress einen großen Einfluss auf die Befindlichkeit des Menschen. Es gibt durchaus unterschiedliche Wege mit dem Stress letztlich umzugehen doch eines sei gleich vorweg gesagt: Zwischenzeitlich einmal kräftig "Dampf" abzulassen ist lediglich eine sehr kurzfristige Maßnahme und bringt auf dauer gesehen sehr wenig Erleichterung.

Die bessere Alternative zu dem kurzzeitigen Explosionsausbruch ist die Gelassenheit, da auf diese der stressverursachende Ärger überhaupt nicht erst aufkommen kann. Bereits der Disney-Charakter "Balu der Bär" aus der alten Geschichte des "Dschungelbuchs" sang die Weisheit "Probier's mal mit Gemütlichkeit" und gab damit bereits den Kindern, die diese Geschichte entspannt vor dem Fernseher verfolgten, eine simple aber dennoch wertvolle Lektion für das Leben.

"Probier es mal mit Gemütlichkeit", diese Weisheit ist sehr leicht gesagt in Zeiten, in denen der Leistungsdruck sowohl beruflich als auch privat den Menschen immer mehr fordert. Während sich die meisten Betroffenen zwar durchaus des Umstandes bewusst sind, dass irgendetwas im Leben nicht gänzlich "rund" läuft, so machen sich diese Menschen jedoch weniger Gedanken darüber, wie gravierend die Auswirkungen von Stress sind oder was genau Stress eigentlich ist.

Die Kenntnis darüber ist jedoch enorm wichtig auf dem Weg zur Gelassenheit, denn nur derjenige, der die volle Härte des ursächlichen Problems kennt, kann es effektiv bekämpfen und damit auch den Weg der Besserung beschreiten. Gelassenheit ist dabei ein Gemütszustand, den sich wirklich jeder stressgeplagte Mensch nur zu gern herbeisehnt doch gibt es nicht selten statt der Ruhe und des Friedens Ärger und Aufregung, welche wiederum ihrerseits zu Rage und Unruhe sowie zu Wutanfällen fühlt.

Diejenigen Menschen, die hierfür ein filmisches Beispiel benötigen und das "Dschungelbuch" gar nicht kennen sei als bestes Beispiel hierfür die Filmsaga "Star Wars, der Krieg der Sterne" genannt. Die guten Jedis übten sich in Gelassenheit, da sie die verheerenden Auswirkungen von Wut und Rage kannten während hingegen die Vertreter der "dunklen Seite" der Macht diese Wut und Rage ungemindert auslebten.

Gut, das Leben ist kein Film. Jedoch finden sich in vielen filmischen Machwerken sehr wichtige Weisheiten, die der Mensch auf sein eigenes Leben ummünzen kann. Viele Menschen, die sich insgeheim den Zustand der Gelassenheit wünschen, werden jedoch denken, dass dieser Zustand lediglich durch eine Kur oder einen langwierigen und kostspieligen Urlaub erreicht werden kann. Dieser Umstand ist schlicht und ergreifend falsch und der

Mensch braucht auch nicht sein vollständiges Leben zu ändern um Gelassenheit zu erlernen.

Eines sei gleich vorweg gesagt: Dem Stress wird sich der Mensch in der heutigen Zeit definitiv nicht entziehen können, jedoch gibt es einige simple Maßnahmen, um gelassener zu werden. Diese Maßnahmen fangen bei dem eigenen Verhaltensmuster an. Getreu dem Motto "Du wirst die Welt und die anderen Menschen um Dich herum nicht ändern können, allerdings kannst Du Dich ändern und somit änderst Du auch ihren Einfluss auf Dich" kann jeder Mensch den Zustand der Gelassenheit auch im Alltag erreichen. Der Stress, Hauptverursacher des "Ungleichgewichts" bei dem Betroffenen, wird dann erheblich weniger Einfluss bekommen.

Was ist Stress überhaupt?

Die Antwort auf diese Frage zu geben ist letztlich nicht gänzlich einfach, da jeder Mensch Stress an sich anders definiert und somit auch unterschiedlich damit umgeht. Diese individuellen Stressbelastungen führen letztlich dazu, dass die Gesamtsicht auf den Stress gerade im beruflichen Leben völlig verfälscht wird. Es ist jedoch möglich eine wissenschaftliche Definition der Begrifflichkeit Stress aufzustellen und somit einen Anfang zu machen, den Stress an sich zu verstehen.

Als Stress wird generell die Beanspruchung sowie die Auswirkungen der verschiedenen Belastungen eines Menschen verstanden, welche sowohl durch innere als auch durch äußere Belastungen oder Reize entstehen. Ein wichtiger Punkt in diesem Zusammenhang ist die rein objektive Betrachtung der Faktoren nebst den Zeiträumen sowie das Ausmaß der Faktoren, die auf den Menschen einwirken.

Vereinfacht gesagt ist Stress ein Zustand, der von dem Menschen aufgenommen wird.

Die Faktoren, die letztlich das Gesamtkonstrukt Stress ergeben, können sowohl natürlicher als auch künstlicher Natur sein. Die Wissenschaft spricht in diesem Zusammenhang gern mit Begriffen wie biotisch sowie abiotisch. Stress ist eine Empfindung des Menschen, die sich sowohl auf seinen Körper als auch auf die menschliche Psyche auswirkt. Diese Auswirkungen werden von jedem Menschen anders empfunden, da es verschiedene Stressarten gibt. Dementsprechend unterschiedlich individuell ist auch der Umgang des Betroffenen mit dem Stress und somit dessen Auswirkungen.

Die gängigsten Verhaltensweisen, die bei den meisten Menschen in der Stressforschung beobachtet wurde, sind:

- Aggressionen
- Angst
- Fluchtverhalten
- Verleugnung der Gesamtsituation
- Akzeptanz der Situation
- Resignation
- Trotz und Versuch, die Situation krampfhaft zu verändern

Verschiedene Stressarten

Es gibt durchaus auch den sogenannten positiven Stress. Hierunter werden eben jene Stressfaktoren verstanden, die den menschlichen Organismus zwar durchaus beanspruchen, jedoch letztlich aber positive Auswirkungen auf den Körper sowie die Psyche des Menschen haben. Eine Auswirkung vom positiven Stress ist beispielsweise die erhöhte Leistungsbereitschaft sowie die gesteigerte Leistungsfähigkeit nebst einer erhöhten Aufmerksamkeit.

Bei Menschen, die positiven Stress benötigen, nimmt der Körper durch diesen sogenannten "Eustress" keinen Schaden. Positiver Stress tritt in der gängigen Praxis des Lebens eines Menschen immer dann auf, wenn der Mensch eine ganz bestimmte Leistung unbedingt erbringen möchte und genügend Zeit für die Vorbereitung hierfür erhält. Eine weitere Lebenssituation, die positiven Stress hervorrufen kann, ist die erfolgreiche Bewältigung einer ganz bestimmten Lebens Krisensituation wie beispielsweise einer schweren Krankheit.

Von den meisten Menschen wird Stress dann negativ aufgenommen, wenn der Stress als Dauerzustand vorhanden ist und es keine psychische oder physische Kompensationsmöglichkeit gibt. Im beruflichen Alltag kann dies durch ein Arbeitsaufkommen entstehen, welches der Mensch schlicht und ergreifend nicht bewältigen kann da ihm hierfür keine Gelegenheit gegeben wird.

Seien es in schulischen Zeiten Prüfungen ohne ausreichende Vorlaufzeit des Lernens oder aber die berufliche Kompensation durch die Erkrankung anderer Kollegen so dass der Berufstätige zusätzlich zu seinen eigenen Kernaufgaben noch die Arbeiten der ausgefallenen Kollegen unter Druck bewältigen muss. Im Privatleben kann negativer Stress durch Lärm in den Wohnräumlichkeiten des Menschen entstehen, den dieser nicht selbst verursacht hat und dem er sich nicht entziehen kann. Dauerhafter negativer Stress wird in der Wissenschaft auch als sogenannter Distress bzw. Dystress bezeichnet und sollte durch geeignete Maßnahmen unbedingt abgebaut werden.

Die Stressfaktoren

Wie bereits erwähnt unterscheidet die Wissenschaft bei den sogenannten Stressfaktoren zwischen den abiotischen und den biotischen Stressfaktoren. Das Verständnis dieser beiden Stressfaktoren ist letztlich für den Menschen jedoch enorm wichtig um das Gesamtkonstrukt Stress zu verstehen und in dem eigenen Leben einmal genau nachzuprüfen, welche Faktoren für das eigene Leben infrage kommen könnten.

Die sogenannten abiotischen Stressfaktoren sind beispielsweise Beeinträchtigungen physikalischer Natur wie Lärm, große Kälte oder Hitze, Abgase oder auch künstliche bzw. natürliche Strahlungen. Es wird in der Medienbranche zwar stets betont, wie gesund und entspannend doch die Sonne auf den Menschen einwirkt doch wissenschaftlich gesehen ist eine übermäßig lang anhaltende Sonneneinstrahlung für den menschlichen Organismus Stress. Wer einmal einen langen Sommertag ohne entsprechenden

Schutz im Freien verbracht hat wird sicherlich festgestellt haben, dass am Abend ein Gefühl der Müdigkeit auftritt.

Dies ist eine direkte körperliche Auswirkung auf den Stress der übermäßigen Sonneneinstrahlung. Gleiches gilt letztlich auch für die elektromagnetischen Strahlungen. Ein Stressfaktor, der in der heutigen medien betonten Gesellschaft mit übermäßiger High-Tech sowohl im Berufsleben als auch im Privatbereich nicht unterschätzt werden darf. Vom Smartphone über den Computer bis hin zur heimischen Mikrowelle strahlt jeder Elektronikartikel ein eigenes Magnetfeld aus, welches sich auf den menschlichen Organismus auswirkt.

Ein weiterer Faktor, der in der heutigen Zeit sehr viele Menschen betrifft, ist der abiotische Stressor von toxischen Substanzen. Ein regelrechtes Paradebeispiel für derartige Stressoren sind Zigaretten und Alkohol. Bei diesen beiden abiotischen Stressoren hat die Medienlandschaft lange Jahre sehr viel Negativarbeit geleistet da in den Werbungen stets vermittelt wurde, dass ein kühles Bier oder eine Zigarette dem Menschen beim Abbau der Stressbelastungen helfen würden.

Diese Botschaft war jedoch schlicht und ergreifend gelogen, da Tabakrauch sowie übermäßiger oder sogar regelmäßiger Alkoholkonsum für den menschlichen Organismus purer Stress ist. Der Raucher, der mit dem Argument "Ich habe Stress und brauche jetzt eine Zigarette zur Entspannung" nach der Zigarette greift, verschlimmert in diesem Moment sein Grundproblem ebenso wie der Mensch, der nach einem harten Arbeitstag ein Bier zur "Entspannung" benötigt. Gegen ein gemütliches Bier in geselliger Runde ist sicherlich nichts einzuwenden allerdings sollte sich der Mensch nicht der Illusion hingeben, dass das Bier oder sonstige alkoholische Getränke dem Abbau von Stress dienen.

Unter biotischen Stressoren werden in erster Linie die psychischen Belastungen des Menschen verstanden. Diese können sowohl durch Krankheiten entstehen als auch durch emotionale Belastungen, die durch Krankheiten geliebter Menschen im Umfeld auf den menschlichen Organismus einwirken. Hierbei spielt die Sozialisation des Menschen eine tragende Rolle, da viele Stressoren erst durch eine gewisse Erwartungshaltung entstehen, die entweder die Menschen im engen Umfeld als auch der Mensch an sich selber stellt. Versagensängste sowohl im Beruf als auch im Privatleben sind dabei ebenso häufig in dem Leben des Menschen anzutreffen wie das eigene Verständnis einer Verpflichtung gegenüber anderen Menschen. Wenn diese Verpflichtung nur schwerlich mit den eigenen Lebensverpflichtungen vereinbar sind und der Mensch das Gefühl bekommt, die Verpflichtungen wachsen sprichwörtlich über den Kopf und können nicht mehr bewältigt werden, ist ein biotischer Stressor gegeben. Hier wird auch sehr häufig von sogenannten psychosozialen Stressfaktoren gesprochen. Gerade diese Stressfaktoren sind sehr weit in der Gesellschaft verbreitet ohne dass sich der Mensch ihrer ganzen Tragweite bewusst ist.

Das große Problem der psychosozialen Stressfaktoren

Das Leben verläuft bedauerlicherweise nicht immer so, wie es der Mensch sich selbst wünscht. Oftmals geschehen Dinge, auf die keinen Einfluss genommen werden können und die dennoch bei dem Betroffenen Stress verursachen. Schicksalsschläge oder besonders schwerwiegende Ereignisse im Leben wird nahezu jeder Mensch einmal erlebt haben.

Die psychosozialen Stressfaktoren sind in der heutigen Zeit die häufigste Stress Form, welche dem Zustand der Gelassenheit entgegenstehen. Sei es der Tod eines nahestehenden und geliebten Menschen oder das klassische Scheitern einer Beziehung, Stress ist gegenwärtig. Wer einmal ehrlich auf sein bisheriges Leben schaut wird feststellen, dass viele der gängigen psychosozialen

Stressfaktoren das eigene Leben stärker bestimmt, als dies gut sein kann.

Die gängigsten psychosozialen Stressfaktoren sind:

- Termindruck und Zeitmangel
- Armut, Überschuldung oder Geldmangel
- dauerhafte Streit Konflikte in einer Beziehung
- berufliche Monotonie oder keinerlei eigene Gestaltungsmöglichkeiten
- übermäßig große Verantwortung im Privatleben oder im Beruf
- Mobbing
- wechselhafte Schicht Tätigkeit
- eigener Perfektionismus
- Schlafmangel
- Krankheiten
- Reizüberflutungen

Viele psychosoziale Stressfaktoren entstehen letztlich aus einer anderen Situation heraus. Hierbei trägt die Gesellschaft und ihre gängigen Werte und Normen einen wesentlichen Faktor zu dem Stress des Einzelnen bei, da die Medienlandschaft ein mitunter unrealistisches Bild von dem Leben vermittelt. Geld, einer der wesentlichen Faktoren der Kapitalgesellschaft, wird als höchstes Gut angesehen.

Es ist sicherlich richtig, dass das Geld durchaus wichtig im Leben ist, allerdings macht Geld bekanntermaßen auch nicht glücklich. Dennoch versucht jeder Mensch, so viel wie möglich von dem Zahlungsmittel anzuhäufen. Dies geschieht laut Studien zumeist aus dem Wunschdenken heraus, dass irgendwann einmal so viel Geld vorhanden ist, um in Ruhe leben zu können. Das Problem hierbei ist jedoch, dass die eigene Gesundheit bei der Jagd nach dem Geld dahingehend geopfert wird, dass ein späteres Leben nur noch unter erheblichen Einschränkungen möglich ist.

Ein wenig gleicht diese Situation der Fabel von dem "Hasen und dem Igel". Wer diese Fabel nicht kennt, für den gibt es hier eine kurze Zusammenfassung. Der schnelle Hase prahlt vor dem langsamen Igel mit seiner Schnelligkeit und möchte ein Rennen veranstalten. Der Igel willig ein wohlwissend, dass er den Hasen bei dem Rennen nicht schlagen kann.

Während sich der Hase auf das Rennen nicht nennenswert vorbereitet erzählt der Igel seiner Frau von dem Rennen. Die Igelfrau schlägt vor, dass sie beide an dem Rennen teilnehmen und dass sich ein Igel am Start und ein Igel am Ziel versteckt. Auf diese Weise sind sie immer vor dem Hasen an dem jeweiligen Punkt. Gesagt getan. Am Ende rennt sich der Hase tot in dem Versuch, vor dem Igel an dem jeweiligen Punkt zu sein.

Diese Fabel kann auf das heutige Leben sehr gut umgemünzt werden und wenn sich der Mensch des Umstandes bewusst wird, dass er eine gewisse Leistungsgrenze hat, so ist der erste Schritt auf dem Weg zur Gelassenheit bereits getan. In Anbetracht der gravierenden Auswirkungen, die Stress bei dem menschlichen Organismus haben kann, ist dies definitiv der gesündere Weg zu einem langen Leben.

Dem Hasen aus der Fabel war dieses lange Leben am Ende nicht vergönnt, womit ein anderes Problem des Stresses bei dem Menschen gut thematisiert werden kann. Viele Menschen sind sich zwar des Umstandes bewusst, dass sie Stress haben, jedoch werden die Auswirkungen schlicht und ergreifend verharmlost.

Die wissenschaftlich erwiesenen typischen Stressreaktionen

Bei einem erwachsenen Menschen sind, so hat die Stressforschung mittlerweile herausgefunden, die Auswirkungen von übermäßigem Stress nicht zu unterschätzen. Körperlich führt übermäßiger negativer Stress erwiesenermaßen zu einem Abbau der vorhandenen Gehirnmasse, bedingt durch Durchblutungsstörungen. Auf der emotionalen Basis führt Stress in den meisten Fällen zu einem anhaltenden Gefühl der übermäßigen Traurigkeit, welches irgendwann in einer handfesten Depression enden kann.

Verlustangst sowie genereller Ärger über die aktuelle Situation ist ebenso eine direkte emotionale Auswirkung von Stress wie permanente Müdigkeit und Hilflosigkeit. In einigen Fällen führt dieses Gefühl letztlich zu einer Steigerung des eigenen aggressiven

Verhaltens gegen sich selbst oder gegen die direkte Umgebung so dass soziale Isolation als Folge Symptom auftreten kann.

Viele Menschen reagieren auf übermäßigen Stress auch mit einem übermäßig emotionslosen Denken oder mit einem übermäßigen "Jammern" über die aktuelle Situation, wodurch das direkte Umfeld ebenfalls massiv beeinträchtigt wird.

Emotionale Folgen von Stress können sich bei dem Betroffenen noch durch:

- Verwirrung
- Kreativlosigkeit
- übermäßiges Weinen
- Geistesabwesenheit
- soziale Isolation
- übermäßiger Aktivismus

äußern. Nimmt ein Mensch im direkten Umfeld eines vom Stress betroffenen Menschen derartige Auffälligkeiten oder Verhaltensänderungen wahr, so kann es sehr ratsam sein, den Menschen behutsam in einer ruhigen Minute darauf anzusprechen. Wichtig ist in diesem Zusammenhang allerdings, dass das Ansprechen nicht in Form von Vorhaltungen oder gar Vorwürfen erfolgt sondern dass vielmehr deutlich gemacht wird, dass die Sorge über den betroffenen Menschen im Vordergrund steht.

Es gibt auch körperliche Reaktionen auf übermäßigen Stress, welche direkt erkennbar sind oder von dem Betroffenen selbst gut erkannt werden können. Übelkeit oder übermäßiges Schwitzen sind hierbei ebenso weit verbreitet wie Atemlosigkeit oder Muskelverspannungen. Ein übermäßiger Energiemangel oder chronische Magen-Darmprobleme können ebenso auf Stress zurückzuführen sein wie zeitweilige Impotenz bei einem Mann. Wissenschaftlich nicht gänzlich erwiesen hingegen ist, dass Haarausfall oder Hautausschlag auf Stress zurückzuführen ist.

Weitere Stressfolgen für den Körper können sich ebenfalls durch:

- Atemlosigkeit
- übermäßig schlechtes Hautbild
- Herzstechen
- Hörsturz
- Immunschwäche
- Bluthochdruck
- Kalzium- und Magnesiummangel

äußern.

Was geschieht durch Stress im Körper?

Durch den Stress wird der Körper des Menschen beansprucht, so dass dieser darauf reagiert. Diese Reaktion ist als Anpassung des menschlichen Organismus auf die veränderte Situation zu verstehen. Auf den negativen Distress reagiert der Körper in den meisten Fällen durch eine verstärkte Anspannung so dass der Körper bestimmte Hormone und Neurotransmitter in Form von Noradrenalin oder Adrenalin ausschüttet.

Auf lange Sicht gesehen ist der menschliche Körper jedoch nicht in der Lage, diese Anspannung zu überstehen so dass die Leistungsfähigkeit und auch die Aufmerksamkeitsfähigkeit des Menschen abnimmt. Der Stress wird jedoch erst dann für den menschlichen Organismus schädigend, wenn die maximale körperliche und auch psychische Leistungsfähigkeit überschritten wurde. Geschieht dies, so ist eine Beeinträchtigung des Stoffwechsels zu befürchten, die sich wiederum negativ auf die Heilungsfähigkeit des Körpers im Krankheitsfall auswirkt.

Es geht um das Leben

Obgleich die physischen und psychischen Auswirkungen von Stress durchaus bereits erschreckend genug sind, so denken sich viele Betroffene noch immer, dass sie damit leben könnten. Für eine kurze Zeitspanne mag dies durchaus auch stimmen allerdings ist es wissenschaftlich erwiesen, dass sich Stress nachhaltig auf die Psyche sowie die Physis des menschlichen Körpers auswirkt. Neben leichten Erkrankungen wie einer erhöhten Anfälligkeit für Erkältungen können durchaus auch schwerere Erkrankungen auf den Stress zurückgeführt werden.

Die Zusammenhänge zwischen dem emotionalen Stress und körperlichen Erkrankungen sind bereits sehr ausführlich untersucht worden wobei im schlimmsten Fall sogar Zellmutationen als Krebs sowie sehr starke Verdauungsprobleme auftreten können. Diese Krankheiten stehen dabei im Zusammenhang mit der körperlichen Reaktion auf den starken Stress und den sogenannten Stresshormonen. Aufgrund der erhöhten Konzentration des Adrenalins sowie des Cortisol im menschlichen Blut sind langfristige Schädigungen an den menschlichen Blutgefäßen eine mittlerweile erwiesene Folge.

Da der Mensch unter Stresseinwirkungen teilweise auch unbewusste Reaktionen wie beispielsweise Zähneknirschen tätigt können auch die Zähne von dem anhaltenden Stress langfristige Schäden nehmen. Ein weiterer Effekt, welcher Stress auf den menschlichen Körper ausübt, wird aktuell von Wissenschaftlern noch genauer untersucht. Auf der Basis der Selfish-Brain-Theorie wird davon ausgegangen, dass der Stress als zentraler

Hauptgrund für Übergewicht beim Menschen anzusehen ist.

Diese Theorie lässt sich zwar nicht verallgemeinern, da Übergewicht bei einem Menschen noch von weiteren Faktoren wie dem Typus des Körpers abhängig ist, doch kann chronischer Stress sowie der damit verbundene langfristig merklich erhöhte Spiegel von Kortison im Blut zu Übergewicht führen. Derzeit gehen Wissenschaftler davon aus, dass sich das menschliche Gehirn aufgrund von Stress seine benötigte Energie auf der Basis des Kortisonspiegels holt und dass hierdurch das Fettgewebe des Menschen durch einen gesteigerten Nahrungsbedarf beeinträchtigt wird.

Da Menschen, die permament unter Stress stehen, ihre Nahrung für gewöhnlich aus Zeitmangel nicht ausgewogen gestalten, werden "fast food" Artikel konsumiert so dass dem Übergewicht Tür und Tor geöffnet werden. Diese Theorie ist allerdings noch nicht ausreichend ausgeforscht so dass wissenschaftlich stichhaltige Belege hierfür noch fehlen. Gleichermaßen verhält es sich mit der Theorie, dass Stress Sehstörungen durch eine übermäßige Belastung der Netzhaut verursachen kann. Was jedoch definitiv bereits bewiesen ist, dass psychosozialer Stress als Risikofaktor für Herzerkrankungen angesehen wird.

Wer diese ganzen Auswirkungen von Stress auf den menschlichen Organismus sowie die Psyche nun liest, der möchte mit Sicherheit den Stress so schnell wie möglich aus seinem Leben verbannen. Dies ist in der Tat ein löblicher Ansatz, wenngleich es im Alltag nicht immer einfach ist, den Stress gänzlich von sich fernzuhalten. Da die Lebensgrundlage nun einmal das liebe Geld ist wird wohl kaum ein normaler Mensch von heute auf morgen seinen Beruf niederlegen können. Die gute Nachricht lautet jedoch, dass dieser drastische Schritt auch überhaupt nicht erforderlich ist.

Der Stress kann auch weiterhin ein Bestandteil des Lebens sein, ohne dass er den Menschen völlig zerstört, da der Mensch mit ein paar simplen

Schritten den Umgang mit dem Stress und damit die gewünschte Gelassenheit erlernen kann. Wie bei Allem im Leben hängt dieses Ansinnen mit der inneren Einstellung zusammen, die nun einmal vom Kopf des Menschen gesteuert wird. Jeder Mensch kann Gelassenheit erlernen, sofern der Wille dazu vorhanden ist.

Das Leben in Gelassenheit ist eine Willenssache

Das Hauptwesen der Gelassenheit ist ein Zustand, in dem der Mensch absolut souverän seine Lebensaufgaben meistert und keinerlei Angst vor der Gegenwart oder der Zukunft zeigt. Dieser Zustand wird in erster Linie davon geprägt, dass der Mensch mit sich selbst im Einklang ist so dass das Leben in geordneten Bahnen verlaufen kann. Dies beginnt bereits im Kopf und damit, dass Dinge, die von dem Menschen nicht geändert werden können, einfach akzeptiert werden.

Wenn sich Dinge nicht ändern lassen dann muss der Mensch einfach lernen, wie angemessen mit der Situation umgegangen wird. Wer diese einfache kleine Weisheit als Beginn zum Weg in die Gelassenheit verinnerlicht, dem werden veränderte Situationen keine Panik mehr machen so dass auch die Aufregung sich merklich verringert. Viele Menschen regen sich schlicht und ergreifend über unwichtige Nichtigkeiten derartig auf, dass sie sehr schnell in Rage geraten.

Die Berührungspunkte im Alltag sind hierfür absolut gegeben doch wenn der Mensch, anstatt gleich sprichwörtlich auf "180" zu geraten ruhig bleibt, so lässt sich jedes Problem lösen. Die Rage, die unausgeglichene Menschen als Reaktion auf Probleme oder drohendem Stress zeigen, hat ihren Ursprung zumeist in einem Gefühl der Ohnmacht. Im Grunde genommen gibt es diese Ohnmacht jedoch gar nicht, da jeder Mensch in nahezu jeder Situation handlungsfähig ist - sofern die Ruhe bewahrt wird und das Problem oder die veränderte Situation zunächst erst einmal nüchtern betrachtet wird. Dies lässt sich sowohl im Privatleben als auch im beruflichen Alltag sehr gut anwenden und verringert den Stress bereits merklich. Liegt im Büro ein Berg von Akten auf dem Schreibtisch, so könnte der Mensch gleich in Rage geraten und sich selbst einem emotionalen Stress aussetzen. Hierdurch jedoch wird das Problem der scheinbar übermäßigen Arbeit nicht gelöst sondern vielmehr nur verschoben.

Der Mensch hat in dieser Situation nicht nur das Problem der übermäßigen Arbeit sondern vielmehr auch das Problem, dass er die Arbeit - bedingt durch die Rage - nicht bewältigt bekommt. Ein kleiner Trick an dieser Stelle ist, den Berg an Arbeit in kleine Hügel zu unterteilen und einfach in Ruhe mit der Arbeit zu beginnen. Jede noch so lange Reise beginnt immer mit dem ersten Schritt und aus einem Schritt wird sehr schnell eine lange Reise. Als Voraussetzung hierfür ist jedoch die Gelassenheit.

Mögliche Hindernisse auf dem Weg in die Gelassenheit

Als Ursache für die Ohnmacht, die bei dem Menschen sehr schnell zur Rage führt, sind im Lebensalltag zumeist sogenannte Grenzüberschreitungen anzusehen. Diese Grenzüberschreitungen gibt es sowohl im Privatleben als auch im beruflichen Alltag des Menschen bedauerlicherweise immer wieder und sie werden sich auch niemals gänzlich vermeiden lassen. Sei es eine persönliche Beleidigung, ein Verstoß gegen die eigenen Werte und Normen, die der Mensch als Ungerechtigkeit empfindet, oder gar das Gefühl der "Ausnutzung" im Beruf durch den Chef.

Die Seele des Menschen wird durch diese Grenzüberschreitung gekränkt und der Mensch fühlt sich in dieser Hinsicht ohnmächtig. Dieses Gefühl ist dabei regelrecht reflexartig und kommt bei nahezu jedem Menschen vor. Ein gutes Beispiel hierfür ist die morgendliche Fahrt zur Arbeitsstelle. Ein unausgeglichener Mensch, der das Leben in Gelassenheit noch nicht verinnerlicht hat, sitzt im Auto und ein anderer Fahrer nimmt ihm die Vorfahrt.

Nun gibt es zwei Möglichkeiten der Reaktion, wobei Menschen, die schnell in Rage geraten, für gewöhnlich die Hupe malträtieren würden um dem Gegenüber zu signalisieren, dass er einen Fehler begangen hat. Derjenige, der die Vorfahrt genommen hat, kann dabei schon längst aus dem Sichtfeld verschwunden sein, der wütende Mensch hupt trotzdem. Er hupt jedoch in erster Linie für sich selbst, um seine Wut auszuleben und produziert im Grunde genommen nichts weiter als vollkommen unnötigen Lärm, unter dem andere Menschen im Umfeld zu leiden haben. Die zweite Möglichkeit wäre jedoch, einfach gelassen zu bleiben und sich selbst zu sagen, dass ja nichts passiert ist und die Fahrt vollkommen entspannt fortgesetzt werden kann.

Wer den Straßenverkehr nicht aktiv als Autofahrer nutzt, der wird das Problem der überfüllten Straßenbahnen sicherlich kennen. Hier kann es schon einmal vorkommen, dass ein Mensch den anderen Menschen anrempelt. Auch in dieser Situation gibt es nunmehr zwei Reaktionsmöglichkeiten.

Möglichkeit eins wäre, dass der angerempelte Mensch schimpfend zurück rempelt und die Situation mit dem Gegenüber dadurch regelrecht hochschaukelt so dass gegenseitige Beleidungen oder gar ernste Handgreiflichkeiten als Folge drohen. Möglichkeit zwei wäre jedoch, den Rempler des Gegenüber als Versehen anzusehen und darauf gelassen zu reagieren. Diese Variante gibt dem Gegenüber die Gelegenheit der Entschuldigung, die er bei Reaktionsmöglichkeit 1 gar nicht erst bekam.

Es ist in beiden Beispielen zwar durchaus menschlich die Gelassenheit zu verlieren, jedoch setzt sich der Mensch durch diese Rage-Reaktion nur selbst unnötigen Stress aus. Fakt ist auf jeden Fall, dass der Mensch in nahezu jeder Situation des Lebens in seinem Kopf die Entscheidung darüber hat, wie viel Macht er seinem Gegenüber über sich selbst geben möchte. Die Reaktion der Rage ist auf jeden Fall eine Reaktion, die dem Gegenüber bereits viel zu viel Macht einräumt so dass dieser sich eventuell sogar darüber erfreuen kann.

Dies bietet die Angriffsfläche für Provokationen oder gar nachhaltiger Mentalitäts Belastung des "Opfers", der durch Rage darauf reagiert und im Grunde genommen überhaupt nicht so reagieren möchte. Der erste Schritt auf dem Weg zur Gelassenheit ist die Einstellung des Menschen in seinem Kopf, dass die Verantwortung für die Gelassenheit einzig und allein ihm selbst obliegt.

Nicht der Gegenüber hat die Provokation begangen. Vielmehr hat der Provozierte sich provozieren lassen. Diese Mentalität anzunehmen ist mitnichten einfach, da sie ja sonst jeder Mensch haben würde und sich somit auch kein Mensch mehr aus der Ruhe bringen lassen würde. Es ist jedoch ein Fakt, dass jeder

Mensch diese Mentalität haben könnte und mit ein wenig Selbstdisziplin sie sich auch aneignen kann. Die innere Einstellung im Hinblick auf den Gesamt Stress ist ebenfalls ein wichtiger Schlüssel hierfür, denn es gibt auch Gelegenheiten, in denen die Gelassenheit auf eine harte Probe gestellt wird.

Gelassenheit erhalten und auch vorleben

Das Hauptproblem, welches sich für den Menschen im Alltag darstellt, liegt in dem Umstand zu finden, dass die Gelassenheit bei den Menschen bedauerlicherweise als Ausnahme anzusehen ist. Zusätzlich zu den äußeren Faktoren, die den Menschen in Rage bringen können, gibt es natürlich noch weitere Faktoren die den inneren Frieden massiv stören können.

Bereits die Körpersprache des Gegenüber kann unterbewusst signalisieren, dass der Gegenüber "unter Strom" steht so dass der Mensch automatisch in eine Abwehrhaltung geht und seine ganzen guten Vorsätze im Hinblick auf die eigene Gelassenheit regelrecht über Bord wirft. Getreu dem Motto "Angriff ist die beste Verteidigung" wird die Situation dahingehend zur Eskalation gebracht, dass der Mensch selbst ebenfalls unter "Strom" steht und sich auf "180" bringt, nur um im Fall einer Eskalation auf gar keinen Fall den Kürzeren zu ziehen.

Diese "Präventivrage" ist jedoch in zahlreichen Fallen absolut unbegründet und beruht nicht selten auf Wahrnehmungsfehlern, so dass sich mit Gelassenheit so mancher unnötiger Konflikt und der damit verbundene Stress für beide Parteien vermeiden ließe. Sicherlich ist der Umstand stimmig, dass Gelassenheit schwer fällt und dass sich dieser Zustand auch durch gewisse anderweitige Aspekte weiter entfernen kann. Zu diesen Aspekten werden unter Anderem gezählt:

- Gruppendynamik

Es mag durchaus befremdlich klingen, aber die Rage erzeugt ein Gefühl der Zusammengehörigkeit. Mit dem gleichen Feindbild findet der Mensch sehr viel schneller Anschluss an Gleichgesinnte, auch wenn diese Form der Gruppendynamik letztlich "Gift" für den menschlichen Organismus ist und der Gesellschaft an sich auch nichts Sinnvolles einbringt. Regen sich beispielsweise mehrere Kollegen gleichermaßen über den Chef oder über einen anderen Kollegen auf, so fühlt sich der Einzelne dieser "Gruppe" zugehörig während hingegen der gelassen wirkende Kollege gern als Außenseiter angesehen wird.

- Die Macht der Gewohnheit

Es gibt Menschen, die den Zustand der Aufregung oder auch der Nervosität als eine Gewohnheit ansehen oder diese Gewohnheit im Verlauf des Lebens entwickelt haben. Somit wurde die Rage verinnerlicht so dass der Mensch in ganz banalen Situationen, in denen er genausogut hätte gelassen reagieren können, aus reiner Gewohnheit heraus aus der Haut fährt. In vielen Fallen ist sich der Einzelne über die Macht der Gewohnheit nicht einmal bewusst und kann sein Verhalten auch nicht selbstkritisch bewerten. Sollte diese Einsicht bereits vorhanden sein, so sollte an dieser Stelle einmal betont werden, dass sich jede noch so schlechte Gewohnheit durch die reine Willenskraft ändern lässt.

Oftmals bedarf es jedoch eines externen Faktors, um das eigene Verhalten zu ändern. Wichtig ist in diesem Zusammenhang die Erkenntnis, dass selbst der größte Hitzkopf niemals eine ausweglose

Situation innehat. Generell sollte dieses Gefühl der Aussichtslosigkeit überhaupt nicht erst entstehen, da die Aussichtslosigkeit sämtliche Vorhaben, sein eigenes Verhalten zu ändern und den Zustand der Gelassenheit zu erreichen, zunichte macht.

Wer der Gelassenheit bei sich keine Chance gibt, der wird sich Zeit seines Lebens über alle möglichen Ereignisse aufregen und sich somit auch Zeit seines Lebens einen unnötigen, krankmachenden, Stress aussetzen. Es mag zwar durchaus richtig sein, dass es manches Mal erheblich einfacher ist, schlicht und ergreifend zu explodieren, doch bringt die Selbstkontrolle und die damit gewonnene Gelassenheit für den Menschen sehr viele Vorteile mit sich.

- Gelassenheit ist lohnenswert

Es gibt jene Menschen, die zwar selbstdiszipliniert sind, aber sich selbst in Krisensituationen nicht unter Kontrolle haben. Da Gelassenheit bedauerlicherweise als Zustand nicht von allein erreicht werden kann stellen sich diese Menschen die Frage, warum dieser Zustand überhaupt durch hartes Training antrainiert werden sollte. Die Antwort darauf ist sehr simpel: Gelassenheit lohnt sich für den Menschen und bringt sehr konkret zahlreiche Vorteile ein.

Diese Vorteile sind sogar wissenschaftlich erwiesen. Wer gelassen durch das Leben schreitet, der lebt letztlich gesünder, da gelassene Menschen sehr viel seltener in das Grübeln kommen und generell glücklicher und zufriedener leben als diejenigen Menschen, die sich selbst durch Rage und Zornesausbrüchen Stress unterziehen.

Ein weiterer Fakt, der ebenfalls auf der Basis von wissenschaftlichen Erkenntnissen ermittelt wurde, ist die Tatsache, dass gelassene Menschen in wichtigen Situationen die besseren Entscheidungen treffen. Unabhängig davon, wie groß der Stress auch immer sein mag und wie dick die aktuelle Situation den Menschen belastet, wer gelassen bleibt, der kann sich jeder Problematik erheblich einfacher stellen.

In Führungspositionen des beruflichen Lebens ist Nervosität oder gar ein emotionsbestimmtes Entscheidungsverhalten nicht gern gesehen. Wer aus reiner Emotion heraus Krisen oder Probleme angeht, der vermittelt keinen Eindruck von einem seriösen Auftreten. Aus diesem Grund werden bei den erfolgreichsten Firmen die Führungspositionen auch mit denjenigen Personen besetzt, die für ihre Mitarbeiter als Ruhepol dienen.

Ruhepole sind begehrt und sie sind auch beliebt, da die Personen in ihrem Umfeld stets das Gefühl haben, dass die Führungsperson jede noch so erdenklich schwierige Situation vollends im Griff hat.

Dies gilt auch im Privatleben des Menschen. Gelassenheit halt die Sorgen fern und vermindert die Belastungen, welche die Menschen oftmals sogar unbewusst in ihrem Kopf mit sich herumtragen. Gelassene Menschen konzentrieren sich ausschließlich auf die Lösung des Problems anstatt sich über den Umstand zu ärgern, dass das Problem überhaupt vorhanden ist.

Eigene Schritte zur Gelassenheit unternehmen

Es gibt sie durchaus, die kleinen aber wichtigen Maßnahmen, mit denen jeder Mensch den Zustand der Gelassenheit erreichen kann. Als Grundlage hierfür gilt die Gelassenheit-Mediation den das Erste, was der Mensch unternehmen muss um gelassener zu werden ist zu verinnerlichen, dass die Gelassenheit überhaupt gewollt ist und dass sie durch eigene Entscheidungen erreicht werden kann.

Problematisch ist an dieser Stelle nur, dass diese erste Erkenntnis noch lange keinen gelassenen Menschen ausmacht sondern dass hierfür noch sehr viele weitere Schritte erforderlich sind. Wie bereits vorhin erwähnt: Jede noch so lange Reise beginnt mit dem ersten Schritt und diesen Schritt muss der Reisende noch völlig eigenständig vollziehen. Der grundlegende Trick für die tägliche Anwendung der

Gelassenheit ist, sie in der jeweiligen Situation ins Bewusstsein zurückzurufen und sich selbst immer wieder zu sagen, dass in der Ruhe die Kraft liegt.

Der zweite Schritt, der auf dem Weg zum Idealzustand der Gelassenheit vollzogen werden sollte, ist die Maßnahme der Prüfung von der eigenen Wahrnehmung. Aus fehlerhaften Wahrnehmungen heraus entstehen nicht selten Missverständnisse, die fast zwangsläufig Ärger mit sich bringen. Als Faustformel kann sich jeder Mensch, der die Gelassenheit anstrebt, dabei stets bei allen erdenklichen Situationen, in denen eine Grenzüberschreitung empfunden wird, die Fragen stellen: Was genau ist nun eigentlich passiert und was war daran letztlich so schlimm?

Sind die Folgen wirklich so schlimm oder sind sie lediglich eingebildet?

Nicht selten sind die Folgen eines Problems, bedingt durch die empfundene Härte, bei Weitem nicht so schlimm wie es in der Situation angenommen wurde.

In diesem Zusammenhang sollte der Mensch auch stets die Realität, wie sie empfunden wird, nüchtern und objektiv hinterfragen. Der eigene Standpunkt ist stets subjektiv und beruht auf den Wahrnehmungen, die aus der Emotion heraus projiziert wird. Nicht selten beschleicht den Menschen das Gefühl, dass die ganze Welt als "Feind" anzusehen ist doch entspricht dies natürlich nicht der Wahrheit. Die fast zwangsläufige Frage, die sich aus dieser Erkenntnis heraus ergibt, lautet dahingehend welchen Sinn es dann macht, sich darüber aufzuregen.

Entscheidungsprozesse für die Gelassenheit

Nicht selten bekommt ein Mensch das Gefühl, dass eine gewisse Situation aufgedrängt wurde und dass keine andere Wahl bleibt, als aus der Emotion heraus aus dem Problem auszubrechen. Dieses Gefühl ist zwar durchaus verständlich, jedoch hat der Mensch stets eine Wahl. Diese Wahl bezieht sich zwar mitnichten auf die Situation oder das Problem jedoch darauf, wie der Mensch mit dieser Situation umgehen möchte.

Der Wutanfall oder die Gelassenheit ist stets eine Entscheidung, die der Mensch für sich selbst treffen muss. Gelassenheit kann dabei als bewusste Entscheidung zu einer ganz bestimmten Reaktion verstanden werden, und diese Zeit muss sich ein Mensch nun einmal nehmen.

Zu eben jenen Entscheidungen, die der Mensch für sich selbst treffen muss, gehört auch die Wahl der

Sprache sowie der Wortwahl. Nicht selten beruht die eigene Wahrnehmung einer Situation darauf, wie genau die Situation sprachlich verpackt wird. Wenn ein Mensch permanent von "MEGA-Katastrophe" oder von "katastrophalem Desaster" spricht, dann entwickelt er sehr bald eine derartige Denkweise.

Aus dieser Denkweise heraus wird letztlich das Gefühl, der Situation ohnmächtig gegenüber zu stehen, geprägt so dass die möglichen Lösungsansätze, die bei der Gelassenheit gesehen würde, vollends aus dem Blickfeld verschwinden. Spricht der Mensch davon, dass es keine Hoffnung gibt, so gibt es auch keine da er keine klaren Gedankengänge mehr fassen kann um die Situation, die jedoch bei Weitem ein derartiges Ausmaß nicht hat, zu lösen. Wer gelassen ist spricht hingegen von "großen Herausforderungen" und befasst sich mit der Lösung in dem Wissen, dass es immer für jedes Problem eine Lösung gibt.

Es ist sehr viel leichter gelassen auf eine Situation zu reagieren, wenn der Mensch seinem Stress zumindest im Privatleben durch einen geeigneten Ausgleich ein Stück weit entgehen kann. Sport ist hierbei eben jener Ausgleich, den sowohl Psychologen als auch Ärzte gleichermaßen empfehlen, denn durch Sport kann sich der Mensch auspowern und bekommt Glückshormone in den Körper, die für die Stressbewältigung eines langen und harten Arbeitstages dringend erforderlich sind.

Wichtig hierbei ist lediglich, dass das Hobby auch wirklich Spaß bringt und nicht als zu stressig empfunden wird. In diesem Zusammenhang ist eine Entscheidung ebenfalls enorm wichtig auf dem Weg zur Gelassenheit, die der Mensch sowohl privat als auch beruflich ein Stück weit tätigen kann. Sollte sich das Gefühl der drohenden Überforderung einstellen, so kann ein Mensch auch ruhig einmal "nein" sagen.

Während dies im Privatleben sehr viel einfacher fällt als im Berufsleben, so muss die Ablehnung im Berufsleben zumindest sehr gut begründet sein. Mit dem Wort "nein" oder "ich schaffe das leider nicht" kann der Mensch seine eigenen individuellen

Rahmenbedingungen selbst schaffen und sich seine Gelassenheit dadurch verschaffen, dass dem Stress präventiv vorgebeugt wird. Das Wort "nein" ist, entgegen der landläufig weit verbreiteten Meinung, mitnichten ein Zeichen für Schwäche sondern vielmehr als Stärke anzusehen. Dies bedeutet jedoch nicht, dass jedes Anliegen des Chefs oder eines Vorgesetzten pauschalisiert abgelehnt werden sollte. Vielmehr sollte die eigene Situation realistisch und auch objektiv eingeschätzt werden.

Das Setzen von Prioritäten ist in diesem Zusammenhang sehr wichtig. Im Berufsleben als auch privat kann es durchaus sehr gut sein, gewisse Angelegenheiten einfach in fremde Hände zu delegieren um die Ordnung über die Gesamtsituation nicht zu verlieren. Viele Hände schaffen fleissig vieler Arbeit rasch ein Ende ist dabei ein Motto, welches durchaus das Grundprinzip der Gelassenheit sehr gut entspricht.

Sollte dies einmal nicht so richtig möglich sein oder Streitigkeiten nach sich ziehen, so gibt es ebenfalls eine gute Methodik die Gelassenheit zu behalten. Durch die sogenannte "Exit-Strategie" kann der Mensch in gewissen Situationen schlicht und ergreifend eine Notbremse ziehen um Stress oder gar eine Eskalation einer gewissen Situation vorzubeugen.

Diese Strategie beruht auf dem Motto "Es geht erst dann weiter, wenn alle Beteiligten sich wieder beruhigt haben!" und kann sowohl im Berufsleben als auch im privaten Bereich zur Anwendung kommen. Bevor im Privatleben ein Streit derartig eskaliert, dass Wörter fallen, die beide Beteiligten nicht mehr zurücknehmen können, ist es durchaus sinniger zum Schutz der Beziehung erst einmal eine Pause zu nehmen und sich zu beruhigen. Gelassen diskutiert es sich erheblich leichter.

Sofortmaßnahmen zur Gelassenheit

Es gibt zahlreiche kleine Sofortmaßnahmen, die jeder Mensch in wirklich jeder Situation durchführen kann, um die innere Gelassenheit zu bewahren. Zu den bekanntesten Maßnahmen gehört hierbei das vielgerühmte Durchatmen in Verbindung mit dem Zählen. Wenn der Mensch merkt, dass die Rage aufkommt und das Blut sprichwörtlich zu kochen beginnt, dann kann es helfen einmal die Augen zu schließen, tief durchzuatmen und bis zu einer gewissen Grenze zu zählen.

Wichtig ist hierbei jedoch nicht nur der reine Vorgang an sich, auch die Art und Weise, wie dieser Vorgang durchgeführt wird, ist entscheidend für den Erfolg. Eine aufrechte Sitz- oder Standposition gilt als Optimum und die Schultern sollten ebenfalls gerade gehalten werden. Das Einatmen sollte tief bis in die Bauchregion durch die Nase erfolgen. Das ideale

Atmen erfolgt hierbei in der 4,6,8-Methodik und in erster Linie langsam.

Langsam einatmen, bis zur vier zählen und die Luft anschließend kurz anhalten, bis zur sechs zählen und langsam aus dem Mund wieder ausatmen und anschließend bis zur acht zählen kann für die innere Gelassenheit regelrecht Wunder wirken. Auf diese Weise wird zwar der reine Stressauslöser an sich noch nicht beseitigt, allerdings bewahrt der Mensch eben jene Ruhe und Gelassenheit, die ihn vor Kurzschlusshandlungen oder einem Wutanfall bewahrt.

Eine weitere Sofortmaßnahme, die sehr viel zur Wahrung der Gelassenheit beitragen kann, ist das Reden mit anderen Menschen.

Während im privaten Bereich hierfür Freunde oder Verwandte zur Verfügung stehen kann im beruflichen Leben ein wohlgesonnener Kollege dem Menschen dabei helfen, das Problem von einem anderen Standpunkt aus zu betrachten und vielleicht völlig neue Lösungsansätze hierfür zu entwickeln. Das Reden hilft auch dabei, die eigenen Gedankengänge sortiert zu sondieren und Fehleinschätzungen auszuräumen.

Dies setzt natürlich ein gesundes Maß an Vertrauen zu dem Gegenüber voraus und sollte zudem in Verbindung mit einer gewählten sprachlichen Ausdrucksfähigkeit erfolgen. In vielen Fällen erfolgt von eben jenen Menschen der Ratschlag, dass der Betroffene erst einmal einen Schluck trinken sollte. Dieser Ratschlag mag sich zwar auf den ersten Blick sehr merkwürdig anhören, jedoch entbehrt er nicht einer gewissen wissenschaftlichen Grundlage. Ein Glas Wasser kann so manchen Ärger im wahrsten Sinne des Wortes wegspülen und zur Nervenberuhigung beitragen.

Eine weitere Sofortmaßnahme zur Wahrung der Gelassenheit ist die Bewegung. Der Bewegungsvorgang ist im wahrsten Sinne des Wortes die natürlichste Form der Stressbewältigung, da durch ihn die Stresshormone direkt abgebaut werden und der Betroffene sich auf diese Weise eine gewisse Form der Distanz zu den Problemen verschaffen kann. Wenn kein Spaziergang um das Haus möglich ist dann kann auch progressive Muskelrelaxation bei der Stressbewältigung helfen. Hierunter werden sämtliche Entspannungs- und Meditationsübungen verstanden, die aus dem autogenen Training sowie Yoga bekannt sind und die so manchen Wutausbruch verhindern können. Bei diesen Übungen werden in erster Linie gezielte Muskelpartien des menschlichen Organismus angespannt und anschließend abrupt gelöst. Auf diese Weise wird binnen kürzester Zeit eine Entspannung erreicht, auch wenn ein wenig Übung für die korrekte Durchführung erforderlich ist.

Mentale Sofortmaßnahmen zur Gelassenheit

Sowohl körperlich als auch mental kann jeder Mensch mit einer Reihe von Sofortmaßnahmen so manchen Wutausbruch oder emotionale Entgleisung verhindern. Gerade der psychische Aspekt dieser Sofortmaßnahmen ist indes nicht zu unterschätzen. Als wichtigste mentale Sofortmaßnahme zur Gelassenheit gilt hierbei das Vergeben.

Das Vergeben darf im Zusammenhang mit der Gelassenheit nicht als sentimentaler Gefühlsausbruch verstanden werden, vielmehr als Ausdruck der Akzeptanz der aktuellen Situation. Da sich die Vergangenheit bekanntermaßen nicht ändern lässt ist der Mensch, wenn er seinem Gegenüber die vermeintliche Grenzüberschreitung einfach vergibt, zumindest in der Lage die Zukunft zu verändern und die eigene Einstellung zu dem Gegenüber massiv zu beeinflussen.

In diesem Zusammenhang ist auch das Vergessen sehr wichtig, welches ohnehin in nahezu allen Lebensbereichen des Menschen gemeinschaftlich mit dem Vergeben genannt wird. Das Vergessen erfolgt hierbei auch im eigenen Interesse und dient präventiv dafür, dass alte Wunden irgendwann wieder aufgerissen werden.

Auch das Lachen ist eine mentale Sofortmaßnahme zur Wahrung der Gelassenheit. Wut oder übermäßige Traurigkeit lässt sich immer noch am Besten mit einem Ausbruch von Humor bekämpfen. Wissenschaftlich gesehen ist das Lachen sogar eine wichtige Funktion des Körpers, da das Lachen sowohl zum Stressabbau beiträgt als auch die menschlichen Abwehrkräfte nachhaltig stärkt und die generelle Stimmung des Menschen anhebt. Der Körper schüttet während des Lachens Unmengen an Glückshormonen aus, die während einer

Krisensituation oder während eines scheinbar unlösbaren Problems sehr dringend benötigt werden.

Überdies kann das Lachen zur Linderung von Schmerzen beitragen und den Blutdruck senken, so dass der Mensch überhaupt gar nicht erst sein Blut zum kochen bringt. Lachen kann im beruflichen Alltag sogar die Karriere fördern, da Belegschaften mit einem guten Humor und einer guten Grundstimmung in der Regel sehr viel gesünder sind und aus diesem Grund auch merklich produktiver sowie kreativer arbeiten können. Mit dem Lachen werden auch die sozialen Beziehung im Berufs- oder Privatleben gefördert.

Ein kleiner Trick zur Wahrung der Gelassenheit sind überdies auch Selbstgespräche, auch wenn sie von der direkten Umgebung oftmals argwöhnisch beäugt werden. Selbstgespräche fördern, und dies ist wissenschaftlich belegt, die individuelle Leistungsfähigkeit und kann Störgeräusche oder sonstige Ablenkungen aus dem Wahrnehmungsfeld des Menschen verdrängen. Mitunter erzählt sich der

Mensch somit selbst eine Lösung für ein Problem, nach welcher das Gehirn so krampfhaft gesucht hat. Durch Selbstgespräche lassen sich zudem Aggressionen abbauen.

Gelassenheit erreichen mittels Resilienz

Der Wunsch nach mehr Gelassenheit ist bei den meisten Menschen vorhanden, da sich durch Gelassenheit Schicksalsschläge sowie große Probleme leichter überwinden lassen. Mittel Resilienz-Schulungen kann jeder Mensch die Fähigkeit zur Gelassenheit unter fachlicher Anleitung erlernen, wobei die Resilienz als "Firewall" oder Immunsystem der menschlichen Seele verstanden werden kann.

Diese Fähigkeit ist nicht zu unterschätzen. Als resilient wird derjenige Mensch angesehen, der die mentale Widerstandsfähigkeit besitzt, sich nicht durch Probleme oder Krisensituationen sowie Stress verändern zu lassen. Ein resilienter Mensch macht sprichwörtlich aus jeder beliebigen Situation das Beste und sieht das "Glück im Unglück". Diese Sichtweise begünstigt letztlich das sprichwörtliche "Wachstum der Seele", so dass die nächste Krisen-

und Problemsituation automatisch souveräner und gelassener gemeistert werden kann.

Wer sich nunmehr vorgenommen hat, künftig gelassener zu leben, dem sei gesagt: Es ist niemals zu spät dazu, sein Leben von grund auf durch Gelassenheit zu verbessern.

Schlußwort & Danksagung

Vielen Dank & Herzlichen Glückwunsch für den Erwerb dieses Ratgebers. Du hast nun umfangreiches Wissen, welches die gefährlichsten Stressfaktoren sind und wie du sie bestmöglich umgehen kannst. Damit setzt du den Grundstein für eine erfolgreiche und vor allem gesunde Zukunft. Ich wünsche dir alles Gute für deine Zukunft und hoffe, dass dir das Buch ein paar wertvolle Tipps vermitteln konnte. Wenn dir das Buch gefallen hat, würde ich mich sehr über eine positive Bewertung freuen, damit auch anderen bei ihren Problemen mit chronischem Stress geholfen werden kann.

Viel Erfolg weiterhin,

bis dann.

Miriam K.

спасибо 谢谢

GRACIAS

THANK YOU

ありがとうございました MERCI

DANKE धन्यवाद

شكراً OBRIGADO

Impressum

Herausgeber

Christian Neumaier

Bad-Sodenstr. 52

80807 München

Email: cn-lifestyle@gmx.de

Steuer-ID: **DE 303277043**

Steuernummer: 103/254/70041

103/254/70076

Verwendete Bilder und Grafiken:

https://www.shutterstock.com/de/image-photo/jack-russell-dog-relaxing-lying-spa-292198511

Cover created by https://www.fiverr.com/creativelog

19660098R00043

Printed in Poland
by Amazon Fulfillment
Poland Sp. z o.o., Wrocław